D1225145

בְּכָל־לְבָבְךָ

With All Your Heart

A Weekday Prayer Book

Edited and Translated by Rabbi Brad Horwitz

CREATED AT THE MINNEAPOLIS JEWISH DAY SCHOOL

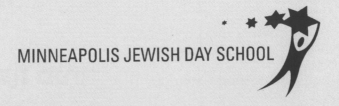

MINNEAPOLIS JEWISH DAY SCHOOL

©2004 Minneapolis Jewish Day School

Table of Contents

Minhah (Afternoon) Service   תְּפִלַּת מִנְחָה

For weekday afternoon service begin with Ashrei (18-23), followed by Hatzi Kaddish (26), Amidah (40-59), Aleinu (66), Mourner's Kaddish (68), and Adon Olam (70).

This siddur is dedicated by
Ken, Daniel, and Aaron Raskin,
the extended Raskin family
and their friends in loving memory of:

Susan Raskin

אִם אֵין אֲנִי לִי, מִי לִי?

וּכְשֶׁאֲנִי לְעַצְמִי, מָה אֲנִי?

וְאִם לֹא עַכְשָׁיו, אֵימָתַי?

If I am not for myself, who will be for me?

And yet if I am only for myself, what am I?

And if not now, when?

– *Pirkei Avot 1:14*

FOREWORD

T'fillah, prayer, can provide us with the opportunity to step back from the intensity of our moment-to-moment experiences and gain some perspective on what is truly important. In group settings, we can transcend our sense of isolation and connect with those in our minyan even as we also feel a divine presence. For adults who engage in prayer on a regular basis, we know how elusive this sense of perspective and inner peace can be, even if we bring an intellectual understanding of Jewish liturgy to our participation in services.

Helping children experience the possibilities of prayer within a formal structure is a more formidable undertaking. At the Minneapolis Jewish Day School, we have brought a strong commitment to providing meaningful t'fillah experiences that open the world of Jewish ritual and personal connections to our young students. A team of faculty, assisted by Jewish communal leaders, has developed a curriculum designed to introduce children to the texts and form of services while helping them develop associations with and understandings of individual prayers. We have also wondered how the siddur (prayerbook) might support our goals.

בְּכָל־לְבָבְךָ—*With All Your Heart*—is our attempt to provide learners of all ages with a siddur that can enhance engagement with prayer and learning:

- The layout of the Hebrew text is designed to capture the rhythms, music, and flow of the poetry of the liturgy, helping the user to read with fluency. The large font and clear, bold text support emerging readers of Hebrew.

- Illustrations, all created by students at the Minneapolis Jewish Day School, provide images reflecting the conceptual meanings of prayers. They underscore aesthetic and non-verbal ways of engaging with t'fillah. It is our hope that these pictures will open the imaginations of participants, making prayers more accessible for learners with both emerging and strong reading skills.

- "Empty space" on many pages suggests that there is a place for the individual images that each participant may develop during prayer while also easing one's approach to the written text.

- The door to discussion and understanding of the language of the liturgy is opened through English translations that are designed to be accessible to children and adults alike. All language referring to God is gender neutral.

- The siddur is designed to promote understanding of the structure and choreography of the weekday service. Each section of the service is color-coded to offer visual cues. Icons alert participants to elements of prayer choreography including appropriate times to bow and close eyes. Highlighted color text underscores unique features of prayers and helps participants identify moments when the leader recites and the congregation responds.

The preparation of *With All Your Heart* has been actively supported by the faculty and parents at the Minneapolis Jewish Day School whose commitment to creatively approaching the study and practice of t'fillah has had a positive impact on the experiences of our students. This project has been blessed by the tenacious guidance of Rabbi Brad Horwitz, Spiritual Life Director at the School. He has lovingly attended to every detail of development as he has created a siddur that reflects a deep respect for the power of prayer and the spiritual life of learners. We cannot adequately thank him for his role in the creation of this siddur and for the sacred climate he has nurtured.

Scholars observe that in biblical times, the heart was viewed as the place where the intellect resided. Now, the heart is seen as the seat of our emotional and spiritual capabilities. May this siddur help to facilitate meaningful prayer experiences both intellectually and spiritually, bringing people closer to God, uplifting the spirits of learners, and enhancing the sense of Jewish community.

Ray Levi, Ph.D.
Head of School
Minneapolis Jewish Day School

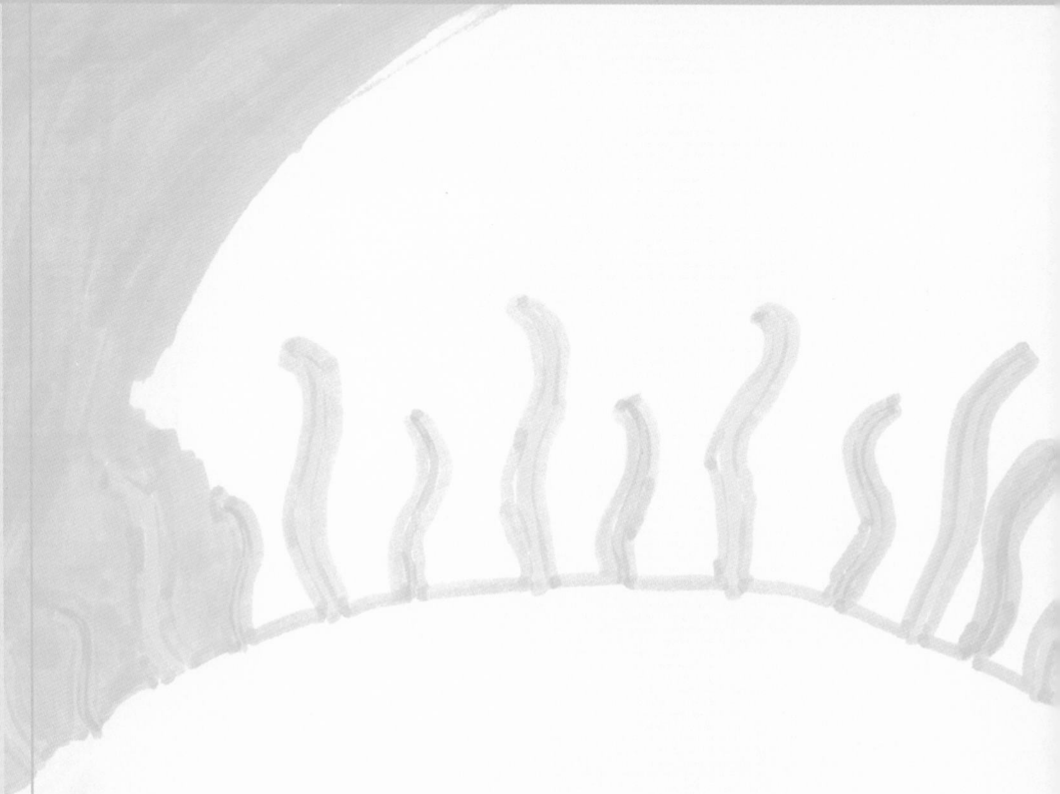

מוֹדֶה (מוֹדָה) אֲנִי לְפָנֶיךָ
מֶלֶךְ חַי וְקַיָּם שֶׁהֶחֱזַרְתָּ
בִּי נִשְׁמָתִי בְּחֶמְלָה.
רַבָּה אֱמוּנָתֶךָ.

I am thankful to You, God who lives forever,
for returning my soul to me with care.
You are very trustworthy.

7 Morning Blessings

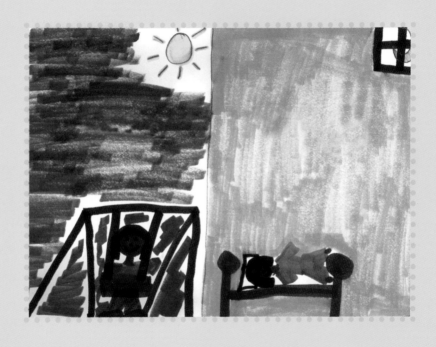

מַה טֹּבוּ אֹהָלֶיךָ יַעֲקֹב מִשְׁכְּנֹתֶיךָ יִשְׂרָאֵל.

וַאֲנִי בְּרֹב חַסְדְּךָ אָבוֹא בֵיתֶךָ
אֶשְׁתַּחֲוֶה אֶל הֵיכַל קָדְשְׁךָ בְּיִרְאָתֶךָ
יְיָ אָהַבְתִּי מְעוֹן בֵּיתֶךָ
וּמְקוֹם מִשְׁכַּן כְּבוֹדֶךָ.
וַאֲנִי אֶשְׁתַּחֲוֶה וְאֶכְרָעָה
אֶבְרְכָה לִפְנֵי יְיָ עֹשִׂי
וַאֲנִי תְפִלָּתִי לְךָ יְיָ
עֵת רָצוֹן אֱלֹהִים בְּרָב חַסְדֶּךָ
עֲנֵנִי בֶּאֱמֶת יִשְׁעֶךָ.

How good are your tents Jacob, the places you live, Israel! I, full of loving kindness, will come to Your house. I will bow down to Your holy palace in awe of You. Adonai, I love the house where You live and the place of Your glory. I will bow in worship before Adonai, my maker. I pray that this be a good time for my prayer to You Adonai. God, You are full of kindness; answer me with Your saving truth.

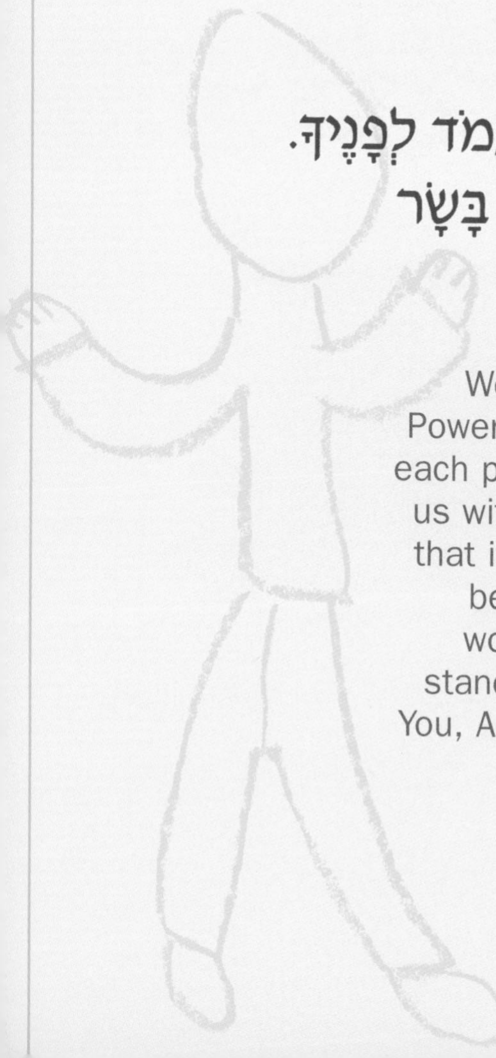

בָּרוּךְ אַתָּה יְיָ אֱלֹהֵינוּ מֶלֶךְ הָעוֹלָם
אֲשֶׁר יָצַר אֶת הָאָדָם בְּחָכְמָה
וּבָרָא בוֹ נְקָבִים נְקָבִים חֲלוּלִים חֲלוּלִים
גָּלוּי וְיָדוּעַ לִפְנֵי כִסֵּא כְבוֹדֶךָ
שֶׁאִם יִפָּתֵחַ אֶחָד מֵהֶם
אוֹ יִסָּתֵם אֶחָד מֵהֶם
אִי אֶפְשָׁר לְהִתְקַיֵּם וְלַעֲמֹד לְפָנֶיךָ.
בָּרוּךְ אַתָּה יְיָ, רוֹפֵא כָל בָּשָׂר
וּמַפְלִיא לַעֲשׂוֹת.

We praise You, Adonai our God,
Power of the universe, who created
each person with wisdom and made
us with many body parts. We know
that if one of our body parts would
be wrongly opened or closed, it
would be impossible to live and
stand before you today. We praise
You, Adonai, the One who heals our
bodies and acts in such
amazing ways.

Before studying Jewish texts we say:

בָּרוּךְ אַתָּה יְיָ, אֱלֹהֵינוּ מֶלֶךְ הָעוֹלָם
אֲשֶׁר קִדְּשָׁנוּ בְּמִצְוֹתָיו וְצִוָּנוּ
לַעֲסֹק בְּדִבְרֵי תוֹרָה.

Blessed are You, Adonai, Power of the universe, who makes us holy through Your *mitzvot* and commands us to study, learn, and teach Torah.

בִּרְכוֹת הַשַּׁחַר

Thank You, Adonai, our God who...

בָּרוּךְ אַתָּה יְיָ אֱלֹהֵינוּ מֶלֶךְ הָעוֹלָם
אֲשֶׁר נָתַן לַשֶּׂכְוִי בִינָה
לְהַבְחִין בֵּין יוֹם וּבֵין לָיְלָה.

made the rhythms of nature.

בָּרוּךְ אַתָּה יְיָ אֱלֹהֵינוּ מֶלֶךְ הָעוֹלָם
שֶׁעָשַׂנִי בְּצַלְמוֹ.

made me in God's image.

בָּרוּךְ אַתָּה יְיָ אֱלֹהֵינוּ מֶלֶךְ הָעוֹלָם
שֶׁעָשַׂנִי יִשְׂרָאֵל.

made me a member of the Jewish community.

בָּרוּךְ אַתָּה יְיָ אֱלֹהֵינוּ מֶלֶךְ הָעוֹלָם
שֶׁעָשַׂנִי בֶּן\בַּת- חוֹרִין.

made me free.

בָּרוּךְ אַתָּה יְיָ אֱלֹהֵֽינוּ מֶֽלֶךְ הָעוֹלָם
פּוֹקֵֽחַ עִוְרִים.

gives sight to the blind.

בָּרוּךְ אַתָּה יְיָ אֱלֹהֵֽינוּ מֶֽלֶךְ הָעוֹלָם
מַלְבִּישׁ עֲרֻמִּים.

clothes the naked.

בָּרוּךְ אַתָּה יְיָ אֱלֹהֵֽינוּ מֶֽלֶךְ הָעוֹלָם
מַתִּיר אֲסוּרִים.

frees the captive.

בָּרוּךְ אַתָּה יְיָ אֱלֹהֵֽינוּ מֶֽלֶךְ הָעוֹלָם
זוֹקֵף כְּפוּפִים.

straightens those who are bent over.

בָּרוּךְ אַתָּה יְיָ אֱלֹהֵֽינוּ מֶֽלֶךְ הָעוֹלָם
רוֹקַע הָאָֽרֶץ עַל הַמָּֽיִם.

spread the land over the water.

בָּרוּךְ אַתָּה יְיָ אֱלֹהֵינוּ מֶלֶךְ הָעוֹלָם
שֶׁעָשָׂה לִי כָּל־צָרְכִּי.

provides me with all my needs.

בָּרוּךְ אַתָּה יְיָ אֱלֹהֵינוּ מֶלֶךְ הָעוֹלָם
הַמֵּכִין מִצְעֲדֵי־גָבֶר.

guides us on our path.

בָּרוּךְ אַתָּה יְיָ אֱלֹהֵינוּ מֶלֶךְ הָעוֹלָם
אוֹזֵר יִשְׂרָאֵל בִּגְבוּרָה.

wraps Israel with strength.

בָּרוּךְ אַתָּה יְיָ אֱלֹהֵינוּ מֶלֶךְ הָעוֹלָם
עוֹטֵר יִשְׂרָאֵל בְּתִפְאָרָה.

crowns Israel with glory.

בָּרוּךְ אַתָּה יְיָ אֱלֹהֵינוּ מֶלֶךְ הָעוֹלָם
הַנּוֹתֵן לַיָּעֵף כֹּחַ.

who gives strength to the weak and tired.

בָּרוּךְ שֶׁאָמַר וְהָיָה הָעוֹלָם

בָּרוּךְ הוּא

בָּרוּךְ עֹשֶׂה בְרֵאשִׁית

בָּרוּךְ אוֹמֵר וְעוֹשֶׂה

בָּרוּךְ גּוֹזֵר וּמְקַיֵּם

בָּרוּךְ מְרַחֵם עַל הָאָרֶץ

בָּרוּךְ מְרַחֵם עַל הַבְּרִיּוֹת

בָּרוּךְ מְשַׁלֵּם שָׂכָר טוֹב לִירֵאָיו

בָּרוּךְ חַי לָעַד וְקַיָּם לָנֶצַח

בָּרוּךְ פּוֹדֶה וּמַצִּיל

בָּרוּךְ שְׁמוֹ.

Praise God who...

spoke and the world was created.
continues to make creation daily.
says and does.
keeps things going and fulfills.
cares about the earth.
cares about all creatures.
rewards those who show respect.
lives forever and ever.
rescues and saves.
Praise God's name.

17 Verses of Song

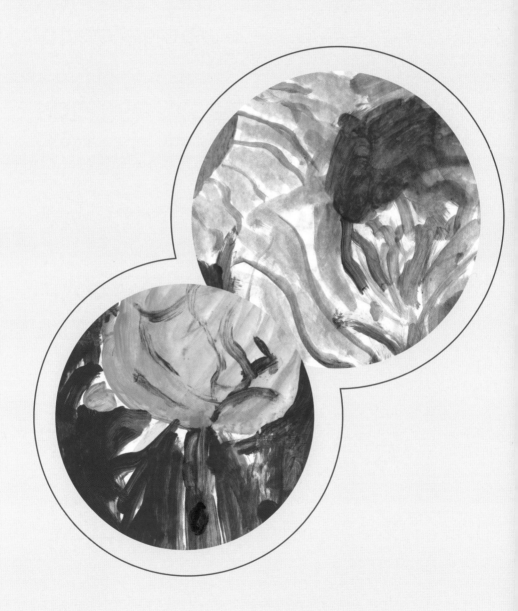

אַשְׁרֵי יוֹשְׁבֵי בֵיתֶךָ
עוֹד יְהַלְלוּךָ סֶּלָה.

אַשְׁרֵי הָעָם שֶׁכָּכָה לּוֹ
אַשְׁרֵי הָעָם שֶׁיְיָ אֱלֹהָיו.

תְּהִלָּה לְדָוִד,

אֲרוֹמִמְךָ אֱלוֹהַי הַמֶּלֶךְ
וַאֲבָרְכָה שִׁמְךָ לְעוֹלָם וָעֶד.

בְּכָל יוֹם אֲבָרְכֶךָּ
וַאֲהַלְלָה שִׁמְךָ לְעוֹלָם וָעֶד.

גָּדוֹל יְיָ וּמְהֻלָּל מְאֹד
וְלִגְדֻלָּתוֹ אֵין חֵקֶר.

Verses of Song

PSALM 145

Those who sit in Your house deserve praise.
The people whose God is Adonai deserve praise.

A Psalm of David

I will raise You high, my God,
and I will bless Your name forever.

Every day I will bless You and praise Your name.

Adonai's greatness is beyond any research.

דּוֹר לְדוֹר יְשַׁבַּח מַעֲשֶׂיךָ
וּגְבוּרֹתֶיךָ יַגִּידוּ.

הֲדַר כְּבוֹד הוֹדֶךָ
וְדִבְרֵי נִפְלְאֹתֶיךָ אָשִׂיחָה.

וֶעֱזוּז נוֹרְאוֹתֶיךָ יֹאמֵרוּ
וּגְדֻלָּתְךָ אֲסַפְּרֶנָּה.

זֵכֶר רַב טוּבְךָ יַבִּיעוּ
וְצִדְקָתְךָ יְרַנֵּנוּ.

חַנּוּן וְרַחוּם יְיָ
אֶרֶךְ אַפַּיִם וּגְדָל חָסֶד.

All generations will praise Your
deeds and tell of Your greatness.

I will discuss Your amazing wonders and Your power.

They will speak about Your strength
and I will talk about Your greatness.

They will remember Your goodness
and sing about Your being righteous.

Adonai is full of grace, compassion,
patience, and love.

טוֹב יְיָ לַכֹּל
וְרַחֲמָיו עַל כָּל־מַעֲשָׂיו.

יוֹדוּךָ יְיָ כָּל־מַעֲשֶׂיךָ
וַחֲסִידֶיךָ יְבָרְכוּכָה.

כְּבוֹד מַלְכוּתְךָ יֹאמֵרוּ
וּגְבוּרָתְךָ יְדַבֵּרוּ.

לְהוֹדִיעַ לִבְנֵי הָאָדָם גְּבוּרֹתָיו
וּכְבוֹד הֲדַר מַלְכוּתוֹ.

מַלְכוּתְךָ מַלְכוּת כָּל־עוֹלָמִים
וּמֶמְשַׁלְתְּךָ בְּכָל־דּוֹר וָדֹר.

Adonai, all Your creations will thank You
and the faithful will bless You.

They will speak about respecting Your glory, and
tell of Your might so all people will know of
God's greatness and respect for Your rule.

Your presence is forever and
You will rule over every generation.

סוֹמֵךְ יְיָ לְכָל־הַנֹּפְלִים
וְזוֹקֵף לְכָל־הַכְּפוּפִים.

עֵינֵי כֹל אֵלֶיךָ יְשַׂבֵּרוּ
וְאַתָּה נוֹתֵן לָהֶם אֶת אָכְלָם בְּעִתּוֹ

פּוֹתֵחַ אֶת יָדֶךָ
וּמַשְׂבִּיעַ לְכָל־חַי רָצוֹן.

צַדִּיק יְיָ בְּכָל־דְּרָכָיו
וְחָסִיד בְּכָל־מַעֲשָׂיו.

קָרוֹב יְיָ לְכָל־קֹרְאָיו
לְכָל אֲשֶׁר יִקְרָאֻהוּ בֶאֱמֶת.

Adonai supports those who fall and raises those who are bowed down.

All eyes look to You with hope and You provide them with food in times of need.

You open your hand and provide for the needs of all living beings.

Adonai is righteous in every way and full of love in every deed.

Adonai is close to all people who call (pray) truthfully.

רְצוֹן יְרֵאָיו יַעֲשֶׂה
וְאֶת שַׁוְעָתָם יִשְׁמַע וְיוֹשִׁיעֵם.

שׁוֹמֵר יְיָ אֶת כָּל־אֹהֲבָיו
וְאֵת כָּל־הָרְשָׁעִים יַשְׁמִיד.

תְּהִלַּת יְיָ יְדַבֶּר פִּי
וִיבָרֵךְ כָּל־בָּשָׂר שֵׁם קָדְשׁוֹ לְעוֹלָם וָעֶד.

וַאֲנַחְנוּ נְבָרֵךְ יָהּ
מֵעַתָּה וְעַד עוֹלָם, הַלְלוּיָהּ.

Those who show respect to God will have their needs met. God will fulfill the desires of those that show respect, will listen to their cries and save them.

Adonai protects those who love God and will destroy those who do evil.

My mouth will speak in praise of Adonai and all flesh will praise God's name forever.

And we will bless God now and forever, Halleluyah!

הַלְלוּיָהּ

הַלְלוּ אֵל בְּקָדְשׁוֹ הַלְלוּהוּ בִּרְקִיעַ עֻזּוֹ.
הַלְלוּהוּ בִגְבוּרֹתָיו הַלְלוּהוּ כְּרֹב גֻּדְלוֹ.
הַלְלוּהוּ בְּתֵקַע שׁוֹפָר הַלְלוּהוּ בְּנֵבֶל וְכִנּוֹר.
הַלְלוּהוּ בְּתֹף וּמָחוֹל הַלְלוּהוּ בְּמִנִּים וְעֻגָב.
הַלְלוּהוּ בְצִלְצְלֵי שָׁמַע הַלְלוּהוּ בְּצִלְצְלֵי תְרוּעָה.

כֹּל הַנְּשָׁמָה תְּהַלֵּל יָהּ, הַלְלוּיָהּ.
כֹּל הַנְּשָׁמָה תְּהַלֵּל יָהּ, הַלְלוּיָהּ.

Psalm 150

Halleluyah!
Praise God in God's sanctuary and in heaven. God's acts are mighty and is beyond greatness. Praise God with the sound of the *shofar*, the lyre, and the harp, with drum and dance, stringed instruments, flute, clanging cymbals and blasting trumpets.
Let every soul that breathes life praise God. Halleluyah!
Let every soul that breathes life praise God. Halleluyah!

יִשְׁתַּבַּח שִׁמְךָ לָעַד מַלְכֵּנוּ,
הָאֵל הַמֶּלֶךְ הַגָּדוֹל וְהַקָּדוֹשׁ
בַּשָּׁמַיִם וּבָאָרֶץ. כִּי לְךָ נָאֶה,
יְיָ אֱלֹהֵינוּ וֵאלֹהֵי אֲבוֹתֵינוּ.
שִׁיר וּשְׁבָחָה, הַלֵּל וְזִמְרָה,
עֹז וּמֶמְשָׁלָה, נֶצַח, גְּדֻלָּה וּגְבוּרָה,
תְּהִלָּה וְתִפְאֶרֶת, קְדֻשָּׁה וּמַלְכוּת.
בְּרָכוֹת וְהוֹדָאוֹת מֵעַתָּה וְעַד עוֹלָם.
בָּרוּךְ אַתָּה יְיָ, אֵל מֶלֶךְ גָּדוֹל
בַּתִּשְׁבָּחוֹת, אֵל הַהוֹדָאוֹת,
אֲדוֹן הַנִּפְלָאוֹת, הַבּוֹחֵר בְּשִׁירֵי זִמְרָה,
מֶלֶךְ, אֵל, חֵי הָעוֹלָמִים.

Your name will be praised forever, our Ruler — the God, the Force, the Great, the Holy One in the heaven and on the earth. It is appropriate to offer You Adonai, our God and God of our ancestors, song and hymns, praises and more songs (in order to tell of Your) strength and rule, victory, greatness and might, praise and glory, holiness and dominion. (We appreciate Your) blessings and thank You now and for all time.

We praise You, Adonai, God who is abundant in praises. We thank You, Master of miraculous things, the One who chooses musical songs of praise, the Ruler, the Life of all the worlds.

חֲצִי קַדִּיש

יִתְגַּדַּל וְיִתְקַדַּשׁ שְׁמֵהּ רַבָּא. (אָמֵן)

בְּעָלְמָא דִּי בְרָא כִרְעוּתֵהּ,

וְיַמְלִיךְ מַלְכוּתֵהּ

בְּחַיֵּיכוֹן וּבְיוֹמֵיכוֹן

וּבְחַיֵּי דְכָל־בֵּית יִשְׂרָאֵל.

בַּעֲגָלָא וּבִזְמַן קָרִיב, וְאִמְרוּ אָמֵן.

יְהֵא שְׁמֵהּ רַבָּא מְבָרַךְ

לְעָלַם וּלְעָלְמֵי עָלְמַיָּא.

יִתְבָּרַךְ וְיִשְׁתַּבַּח וְיִתְפָּאַר

וְיִתְרוֹמַם וְיִתְנַשֵּׂא, וְיִתְהַדָּר

וְיִתְעַלֶּה וְיִתְהַלָּל

שְׁמֵהּ דְּקֻדְשָׁא, בְּרִיךְ הוּא,

לְעֵלָּא מִן כָּל־בִּרְכָתָא

וְשִׁירָתָא, תֻּשְׁבְּחָתָא וְנֶחֱמָתָא

דַּאֲמִירָן בְּעָלְמָא, וְאִמְרוּ אָמֵן.

Ḥatzi Kaddish

May God's name become great and holy in the world that was created according to God's desire. And may God rule over this kingdom during your lifetime and in your days, and in the lifetime of the entire house of Israel. May this happen soon and with speed. And let us say: Amen.

May God's great name be blessed
now, in the future, and forever.

Let the name of the Holy One be blessed, praised, glorified, celebrated, uplifted, honored, raised up and acclaimed. Praised be God who is above and beyond any blessing, song, praise, and words of comfort that we could say in this world. And let us say: Amen.

(We stand)

Leader(s):

בָּרְכוּ אֶת יְיָ הַמְבֹרָךְ

Congregation:

בָּרוּךְ יְיָ הַמְבֹרָךְ לְעוֹלָם וָעֶד

Leader(s):

בָּרוּךְ יְיָ הַמְבֹרָךְ לְעוֹלָם וָעֶד

Praise Adonai, the One who is blessed!

Adonai is praised now and forever!

Adonai is praised now and forever!

יוֹצֵר Creation

בָּרוּךְ אַתָּה יְיָ, אֱלֹהֵינוּ מֶלֶךְ הָעוֹלָם
יוֹצֵר אוֹר וּבוֹרֵא חֹשֶׁךְ
עֹשֶׂה שָׁלוֹם וּבוֹרֵא אֶת הַכֹּל.

We praise You, Adonai, our God, Power of the universe who forms light and creates darkness, makes peace, and creates everything.

אוֹר חָדָשׁ עַל צִיוֹן תָּאִיר
וְנִזְכֶּה כֻלָּנוּ מְהֵרָה לְאוֹרוֹ.
בָּרוּךְ אַתָּה יְיָ יוֹצֵר הַמְּאוֹרוֹת.

May You shine a new light on Jerusalem and may we all be fortunate enough to enjoy her light soon. We praise You, Adonai, Creator of light.

בִּרְכַּת הַתּוֹרָה

אַהֲבָה רַבָּה אֲהַבְתָּנוּ, יְיָ אֱלֹהֵינוּ
חֶמְלָה גְדוֹלָה וִיתֵרָה
חָמַלְתָּ עָלֵינוּ. אָבִינוּ מַלְכֵּנוּ
בַּעֲבוּר אֲבוֹתֵינוּ שֶׁבָּטְחוּ בְךָ
וַתְּלַמְּדֵם חֻקֵּי חַיִּים
כֵּן תְּחָנֵּנוּ וּתְלַמְּדֵנוּ.
אָבִינוּ, הָאָב הָרַחֲמָן, הַמְרַחֵם,
רַחֵם עָלֵינוּ, וְתֵן בְּלִבֵּנוּ לְהָבִין
וּלְהַשְׂכִּיל, לִשְׁמֹעַ, לִלְמֹד וּלְלַמֵּד
לִשְׁמֹר וְלַעֲשׂוֹת וּלְקַיֵּם אֶת כָּל־דִּבְרֵי
תַלְמוּד תּוֹרָתֶךָ בְּאַהֲבָה.
וְהָאֵר עֵינֵינוּ בְּתוֹרָתֶךָ
וְדַבֵּק לִבֵּנוּ בְּמִצְוֹתֶיךָ
וְיַחֵד לְבָבֵנוּ לְאַהֲבָה וּלְיִרְאָה
אֶת שְׁמֶךָ, וְלֹא נֵבוֹשׁ לְעוֹלָם וָעֶד.
כִּי בְשֵׁם קָדְשְׁךָ הַגָּדוֹל וְהַנּוֹרָא
בָּטָחְנוּ, נָגִילָה וְנִשְׂמְחָה בִּישׁוּעָתֶךָ.

A Blessing of Torah

You have loved us with tremendous love, Adonai, our God. With great and extra compassion You have cared for us, our Parent, our Ruler, for the sake of our ancestors who trusted in You. You taught them the rules of life, so be kind to us and teach us as well. Our Caring Parent, Compassionate One, have mercy on us and help our hearts to understand, to gain wisdom, to listen, to study, to teach, to guard, to do and to fulfill all the words of Your Torah's teaching with love.

Make our eyes shine bright with Torah and cause our hearts to cling to Your *mitzvot*. Bring our hearts together in love and in respect of Your name and may we never ever feel shame. For we have had faith in Your holy, great, and awesome name. We will celebrate and be happy because You have saved us.

וַהֲבִיאֵנוּ לְשָׁלוֹם מֵאַרְבַּע
כַּנְפוֹת הָאָרֶץ, וְתוֹלִיכֵנוּ
קוֹמְמִיּוּת לְאַרְצֵנוּ
כִּי אֵל פּוֹעֵל יְשׁוּעוֹת אָתָּה
וּבָנוּ בָחַרְתָּ מִכָּל־עַם וְלָשׁוֹן.
וְקֵרַבְתָּנוּ לְשִׁמְךָ הַגָּדוֹל
סֶלָה בֶּאֱמֶת לְהוֹדוֹת לְךָ
וּלְיַחֶדְךָ בְּאַהֲבָה.
בָּרוּךְ אַתָּה יְיָ, הַבּוֹחֵר בְּעַמּוֹ
יִשְׂרָאֵל בְּאַהֲבָה.

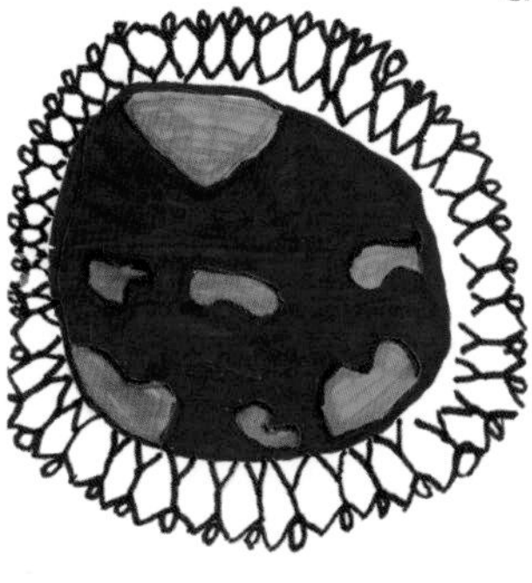

Bring us in peace from the four corners of
the earth and lead us with honor to our
land because You are a God who
does amazing acts that save us.
You have a special relationship with
us and with the Hebrew language.
You have brought us close to Your
great name, forever, in truth, to
thank You and be together with love.
We praise You Adonai, who has
chosen the people of Israel with love.

When praying by yourself add: אֵל מֶלֶךְ נֶאֱמָן

👁 👁 שְׁמַע יִשְׂרָאֵל, יְיָ אֱלֹהֵינוּ, יְיָ אֶחָד.

(softly in a whisper)
בָּרוּךְ שֵׁם כְּבוֹד מַלְכוּתוֹ לְעוֹלָם וָעֶד.

Listen Israel, Adonai is our God, Adonai is the Only One.

Praised is God's name whose
glorious presence will last forever.

וְאָהַבְתָּ אֵת יְיָ אֱלֹהֶיךָ בְּכָל־לְבָבְךָ
וּבְכָל־נַפְשְׁךָ וּבְכָל־מְאֹדֶךָ.
וְהָיוּ הַדְּבָרִים הָאֵלֶּה אֲשֶׁר אָנֹכִי
מְצַוְּךָ הַיּוֹם עַל לְבָבֶךָ.
וְשִׁנַּנְתָּם לְבָנֶיךָ וְדִבַּרְתָּ בָּם
בְּשִׁבְתְּךָ בְּבֵיתֶךָ וּבְלֶכְתְּךָ בַדֶּרֶךְ
וּבְשָׁכְבְּךָ וּבְקוּמֶךָ. וּקְשַׁרְתָּם לְאוֹת
עַל־יָדֶךָ וְהָיוּ לְטֹטָפֹת בֵּין עֵינֶיךָ.
וּכְתַבְתָּם עַל מְזֻזוֹת בֵּיתֶךָ וּבִשְׁעָרֶיךָ.

And you shall love Adonai, your God, with all
your heart, with all your soul, and with all your
might. Place these words that I command you
on this day in your heart. Teach them to your
children and talk about them when you sit in
your home, when you walk on the way, when you
lie down to sleep, and when you rise up. Tie
them (*tefillin*) as a symbol on your hands and
between your eyes. Write them (*mezuzah*) on the
doorposts of your house and on your gates.

וְהָיָה אִם שָׁמֹעַ תִּשְׁמְעוּ אֶל מִצְוֹתַי, אֲשֶׁר
אָנֹכִי מְצַוֶּה אֶתְכֶם הַיּוֹם, לְאַהֲבָה אֶת יְיָ
אֱלֹהֵיכֶם, וּלְעָבְדוֹ בְּכָל־לְבַבְכֶם וּבְכָל־נַפְשְׁכֶם.
וְנָתַתִּי מְטַר אַרְצְכֶם בְּעִתּוֹ, יוֹרֶה וּמַלְקוֹשׁ,
וְאָסַפְתָּ דְגָנֶךָ וְתִירֹשְׁךָ וְיִצְהָרֶךָ.
וְנָתַתִּי עֵשֶׂב בְּשָׂדְךָ לִבְהֶמְתֶּךָ, וְאָכַלְתָּ וְשָׂבָעְתָּ.
הִשָּׁמְרוּ לָכֶם פֶּן יִפְתֶּה לְבַבְכֶם,
וְסַרְתֶּם וַעֲבַדְתֶּם אֱלֹהִים אֲחֵרִים
וְהִשְׁתַּחֲוִיתֶם לָהֶם. וְחָרָה אַף יְיָ בָּכֶם,
וְעָצַר אֶת הַשָּׁמַיִם וְלֹא יִהְיֶה מָטָר,
וְהָאֲדָמָה לֹא תִתֵּן אֶת יְבוּלָהּ וַאֲבַדְתֶּם
מְהֵרָה מֵעַל הָאָרֶץ הַטֹּבָה אֲשֶׁר יְיָ נֹתֵן לָכֶם.
וְשַׂמְתֶּם אֶת דְּבָרַי אֵלֶּה עַל לְבַבְכֶם
וְעַל נַפְשְׁכֶם וּקְשַׁרְתֶּם אֹתָם לְאוֹת עַל יֶדְכֶם,
וְהָיוּ לְטוֹטָפֹת בֵּין עֵינֵיכֶם. וְלִמַּדְתֶּם אֹתָם
אֶת בְּנֵיכֶם, לְדַבֵּר בָּם, בְּשִׁבְתְּךָ בְּבֵיתֶךָ,
וּבְלֶכְתְּךָ בַדֶּרֶךְ, וּבְשָׁכְבְּךָ וּבְקוּמֶךָ.
וּכְתַבְתָּם עַל מְזוּזוֹת בֵּיתֶךָ וּבִשְׁעָרֶיךָ.
לְמַעַן יִרְבּוּ יְמֵיכֶם וִימֵי בְנֵיכֶם עַל הָאֲדָמָה
אֲשֶׁר נִשְׁבַּע יְיָ לַאֲבֹתֵיכֶם לָתֵת לָהֶם,
כִּימֵי הַשָּׁמַיִם עַל הָאָרֶץ.

Deuteronomy 11:13-21

וַיֹּאמֶר יְיָ אֶל מֹשֶׁה לֵּאמֹר.

דַּבֵּר אֶל בְּנֵי יִשְׂרָאֵל וְאָמַרְתָּ אֲלֵהֶם

וְעָשׂוּ לָהֶם צִיצִת עַל־כַּנְפֵי

בִגְדֵיהֶם לְדֹרֹתָם וְנָתְנוּ עַל־צִיצִת

הַכָּנָף פְּתִיל תְּכֵלֶת: וְהָיָה לָכֶם לְצִיצִת

וּרְאִיתֶם אֹתוֹ וּזְכַרְתֶּם אֶת כָּל־מִצְוֹת יְיָ

וַעֲשִׂיתֶם אֹתָם וְלֹא תָתוּרוּ אַחֲרֵי

לְבַבְכֶם וְאַחֲרֵי עֵינֵיכֶם

אֲשֶׁר אַתֶּם זֹנִים אַחֲרֵיהֶם.

לְמַעַן תִּזְכְּרוּ וַעֲשִׂיתֶם אֶת כָּל־מִצְוֹתָי

וִהְיִיתֶם קְדֹשִׁים לֵאלֹהֵיכֶם.

אֲנִי יְיָ אֱלֹהֵיכֶם אֲשֶׁר הוֹצֵאתִי

אֶתְכֶם מֵאֶרֶץ מִצְרַיִם

לִהְיוֹת לָכֶם לֵאלֹהִים

אֲנִי יְיָ אֱלֹהֵיכֶם.

(יְיָ אֱלֹהֵיכֶם אֱמֶת)

God spoke to Moses saying: Speak with the people of Israel and tell them to make for themselves *tzitzit* on the corners of their clothes for generations to come, and have them place with the *tzitzit* a blue thread on each corner. And the *tzitzit* will be for you, and you will look at it and remember all of Adonai's *mitzvot*, and you will do them. And you will not be misdirected to do the wrong thing by your hearts and your eyes which may cause you to behave the wrong way. [Wear the *tzitzit*] so that you will remember and do all of my *mitzvot* and be holy to your God. I am Adonai, your God, who took you out of the land of Egypt to be your God. I am Adonai, your God.

גְּאֻלָּה

Leader:

תְּהִלּוֹת לְאֵל עֶלְיוֹן, בָּרוּךְ הוּא וּמְבוֹרָךְ.
מֹשֶׁה וּבְנֵי יִשְׂרָאֵל לְךָ עָנוּ שִׁירָה
בְּשִׂמְחָה רַבָּה וְאָמְרוּ כֻלָּם:

Congregation:

מִי כָמֹכָה בָּאֵלִם יְיָ,
מִי כָּמֹכָה נֶאְדָּר בַּקֹּדֶשׁ,
נוֹרָא תְהִלֹּת עֹשֵׂה פֶלֶא.

Leader:

שִׁירָה חֲדָשָׁה שִׁבְּחוּ גְאוּלִים
לְשִׁמְךָ עַל שְׂפַת הַיָּם,
יַחַד כֻּלָּם הוֹדוּ וְהִמְלִיכוּ וְאָמְרוּ.

Congregation:

יְיָ יִמְלֹךְ לְעוֹלָם וָעֶד.

צוּר יִשְׂרָאֵל, קוּמָה בְּעֶזְרַת יִשְׂרָאֵל,
וּפְדֵה כִנְאֻמֶךָ יְהוּדָה וְיִשְׂרָאֵל.
גֹּאֲלֵנוּ, יְיָ צְבָאוֹת שְׁמוֹ, קְדוֹשׁ יִשְׂרָאֵל.
בָּרוּךְ אַתָּה יְיָ גָּאַל יִשְׂרָאֵל.

Redemption

Praises to God above, may God be blessed. Moses and the people of Israel sang a song to You with great joy and they all said:

Who is like You, Adonai? Who is like You decorated in holiness, awesome in praises, maker of miracles?

They sang a new song of freedom for Your name by the shores of the sea. United together, they gave thanks and declared:

Adonai will rule forever and ever!

Rock of Israel, rise up to help Israel and free Judah and Israel as You promised. Our Redeemer, 'Adonai of Hosts' is God's name, the Holy One of Israel. We praise You, Adonai, Redeemer of Israel.

אָבוֹת וְאִמָּהוֹת

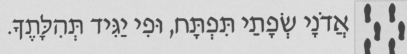 אֲדֹנָי שְׂפָתַי תִּפְתָּח, וּפִי יַגִּיד תְּהִלָּתֶךָ.

בָּרוּךְ אַתָּה יְיָ אֱלֹהֵינוּ וֵאלֹהֵי
אֲבוֹתֵינוּ וְאִמּוֹתֵינוּ, אֱלֹהֵי אַבְרָהָם,
אֱלֹהֵי יִצְחָק, וֵאלֹהֵי יַעֲקֹב,
אֱלֹהֵי שָׂרָה אֱלֹהֵי רִבְקָה
אֱלֹהֵי רָחֵל וֵאלֹהֵי לֵאָה.
הָאֵל הַגָּדוֹל הַגִּבּוֹר וְהַנּוֹרָא, אֵל עֶלְיוֹן,
גּוֹמֵל חֲסָדִים טוֹבִים וְקוֹנֵה הַכֹּל,
וְזוֹכֵר חַסְדֵי אָבוֹת וְאִמָּהוֹת,
וּמֵבִיא גוֹאֵל לִבְנֵי בְנֵיהֶם, לְמַעַן
שְׁמוֹ בְּאַהֲבָה.

מֶלֶךְ עוֹזֵר וּפוֹקֵד וּמוֹשִׁיעַ וּמָגֵן.
בָּרוּךְ אַתָּה יְיָ, מָגֵן אַבְרָהָם וּפֹקֵד שָׂרָה.

Ancestors

Dear Adonai, please open my lips so that my mouth will say Your praise and my prayers will have meaning.

We praise You, Adonai, our God and God of our fathers and mothers, God of Avraham, God of Yitzhak, and God of Ya'akov, God of Sarah, God of Rivkah, God of Ra<u>h</u>el, and God of Leah. You are a great, mighty, powerful, and supreme God who acts with loving kindness, creates everything, remembers the good deeds of our fathers and mothers, and brings redemption to their children's children for the sake of God's name with love.

You are a leader, helper, life saver, and shield.

We praise You, Adonai, Shield of Avraham and Protector of Sarah.

גְּבוּרוֹת

אַתָּה גִּבּוֹר לְעוֹלָם אֲדֹנָי,
מְחַיֵּה מֵתִים/הַכֹּל אַתָּה, רַב לְהוֹשִׁיעַ.

From Sh'mini Atzeret until Pesa<u>h</u> we recite:
מַשִּׁיב הָרוּחַ וּמוֹרִיד הַגָּשֶׁם.

מְכַלְכֵּל חַיִּים בְּחֶסֶד,
מְחַיֵּה מֵתִים/הַכֹּל בְּרַחֲמִים רַבִּים,
סוֹמֵךְ נוֹפְלִים, וְרוֹפֵא חוֹלִים,
וּמַתִּיר אֲסוּרִים, וּמְקַיֵּם אֱמוּנָתוֹ
לִישֵׁנֵי עָפָר, מִי כָמוֹךָ בַּעַל גְּבוּרוֹת
וּמִי דוֹמֶה לָּךְ, מֶלֶךְ מֵמִית
וּמְחַיֵּה וּמַצְמִיחַ יְשׁוּעָה.

וְנֶאֱמָן אַתָּה לְהַחֲיוֹת מֵתִים/הַכֹּל.
בָּרוּךְ אַתָּה יְיָ, מְחַיֵּה הַמֵּתִים/הַכֹּל.

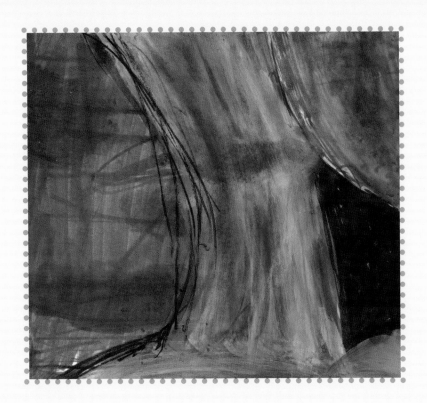

God's Power

You are a powerful God who gives life to the dead/creates everything and saves us all.

From Sh'mini Atzeret until Pesa*h* we recite:
God causes the wind to blow and the rain to fall.

You are a God who fills life with loving kindness, gives life to the dead with great care, supports those who have fallen down, heals those who are sick, frees those who are bound up, and keeps faith with those who sleep in the dust. Who is like You, God, and who can compare to You, the Power who gives life to everything and causes freedom to sprout like a flower? You are always faithful to give life to the dead. We praise You, Adonai, who gives life to the dead/creates everything.

קְדֻשָׁה

נְקַדֵּשׁ אֶת שִׁמְךָ בָּעוֹלָם, כְּשֵׁם
שֶׁמַּקְדִּישִׁים אוֹתוֹ בִּשְׁמֵי מָרוֹם,
כַּכָּתוּב עַל יַד נְבִיאֶךָ.
וְקָרָא זֶה אֶל זֶה וְאָמַר: 

קָדוֹשׁ,קָדוֹשׁ, קָדוֹשׁ יְיָ צְבָאוֹת,
מְלֹא כָל־הָאָרֶץ כְּבוֹדוֹ.

לְעֻמָּתָם בָּרוּךְ יֹאמֵרוּ:

בָּרוּךְ כְּבוֹד יְיָ מִמְּקוֹמוֹ.
וּבְדִבְרֵי קָדְשְׁךָ כָּתוּב לֵאמֹר:

יִמְלֹךְ יְיָ לְעוֹלָם, אֱלֹהַיִךְ צִיּוֹן
לְדֹר וָדֹר, הַלְלוּיָהּ.

לְדוֹר וָדוֹר נַגִּיד גָּדְלֶךָ,
וּלְנֵצַח נְצָחִים קְדֻשָּׁתְךָ נַקְדִּישׁ,
וְשִׁבְחֲךָ אֱלֹהֵינוּ מִפִּינוּ
לֹא יָמוּשׁ לְעוֹלָם וָעֶד,
כִּי אֵל מֶלֶךְ גָּדוֹל וְקָדוֹשׁ אָתָּה.
בָּרוּךְ אַתָּה יְיָ הָאֵל הַקָּדוֹשׁ.

(Continue silently through page 59)

God's Holy Name

We will make Your name holy in this world, just as they make it holy in the heavenly skies. It is written by the hand of Your prophet, "And they called one to another and said:

HOLY, HOLY, HOLY is Adonai. God fills the whole earth with honor and respect."

Those who are facing them say "Barukh:"

"Blessed is the glory and presence of Adonai."

And in Your holy writings it is written:

"Adonai will rule forever. Your God will rule in Jerusalem from generation to generation, Halleluyah!!"

We will tell of Your greatness from generation to generation and we will make Your presence holy for all time. Your praise, our God, will not be removed from our mouths because You are a powerful, great, and holy God. We praise You, Adonai, our holy and special God.

דַּעַת Knowledge

אַתָּה חוֹנֵן לְאָדָם דַּעַת,
וּמְלַמֵּד לֶאֱנוֹשׁ בִּינָה.
חָנֵּנוּ מֵאִתְּךָ דֵּעָה בִּינָה וְהַשְׂכֵּל.
בָּרוּךְ אַתָּה יְיָ, חוֹנֵן הַדָּעַת.

You create humans with the ability to think.
You teach human beings how to gain
knowledge. Please give us Your powers of
wisdom, insight, and reason. We praise You
Adonai, Giver of knowledge.

תְּשׁוּבָה T'shuvah

הֲשִׁיבֵנוּ אָבִינוּ לְתוֹרָתֶךָ,
וְקָרְבֵנוּ מַלְכֵּנוּ לַעֲבוֹדָתֶךָ,
וְהַחֲזִירֵנוּ בִּתְשׁוּבָה שְׁלֵמָה לְפָנֶיךָ.
בָּרוּךְ אַתָּה יְיָ, הָרוֹצֶה בִּתְשׁוּבָה.

Help us, our parent, to return to a life of Torah
and bring us closer to Your presence. Please
bring us back to You through our complete
t'shuvah. We praise You, Adonai, the One who
wants us to change for the better.

סְלִיחָה Forgiveness

סְלַח לָֽנוּ, אָבִֽינוּ, כִּי חָטָֽאנוּ,
מְחַל לָֽנוּ מַלְכֵּֽנוּ כִּי פָשָֽׁעְנוּ,
כִּי מוֹחֵל וְסוֹלֵחַ אָֽתָּה.
בָּרוּךְ אַתָּה יְיָ, חַנּוּן הַמַּרְבֶּה לִסְלֹחַ.

Forgive us, our parent, for we have made mistakes.
Pardon us, our God, for we have done wrong and
You are the One who pardons and forgives. We
praise You, Adonai, the One who is gracious and full
of forgiveness.

גְּאֻלָּה Redemption

רְאֵה בְעָנְיֵֽנוּ, וְרִיבָה רִיבֵֽנוּ,
וּגְאָלֵֽנוּ מְהֵרָה לְמַֽעַן שְׁמֶֽךָ,
כִּי גּוֹאֵל חָזָק אָֽתָּה.
בָּרוּךְ אַתָּה יְיָ, גּוֹאֵל יִשְׂרָאֵל.

Look upon our suffering, defend our cause, and
save us quickly because You are a strong protector
and give people strength. We praise You, Adonai,
Redeemer of Israel.

רְפוּאָה   Healing

רְפָאֵנוּ יְיָ וְנֵרָפֵא, הוֹשִׁיעֵנוּ
וְנִוָּשֵׁעָה, כִּי תְהִלָּתֵנוּ אָתָּה,
וְהַעֲלֵה רְפוּאָה שְׁלֵמָה לְכָל־מַכּוֹתֵינוּ,
כִּי אֵל מֶלֶךְ רוֹפֵא נֶאֱמָן וְרַחֲמָן אָתָּה.
בָּרוּךְ אַתָּה יְיָ, רוֹפֵא חוֹלֵי עַמּוֹ יִשְׂרָאֵל.

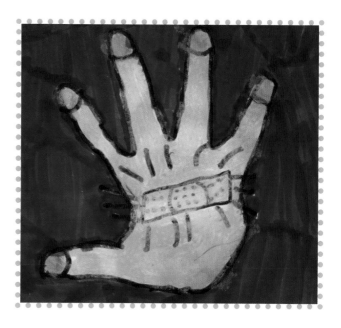

Heal us when we are sick, Adonai, and we
will be healed. Help us so that we will be
helped, because You are our source of
praise. Please bring complete healing to all
of our illnesses and hurts because You are
a trusting and caring God who heals. We
praise You, Adonai, Healer of those who are
ill among the people Israel.

שָׁנִים   Years

בָּרֵךְ עָלֵינוּ יְיָ אֱלֹהֵינוּ אֶת הַשָּׁנָה
הַזֹּאת וְאֶת כָּל מִינֵי תְבוּאָתָהּ לְטוֹבָה,

From Pesah to December 4th: וְתֵן בְּרָכָה

From December 5th to Pesah: וְתֵן טַל וּמָטָר לִבְרָכָה

עַל פְּנֵי הָאֲדָמָה, וְשַׂבְּעֵנוּ מִטּוּבָהּ,
וּבָרֵךְ שְׁנָתֵנוּ כַּשָּׁנִים הַטּוֹבוֹת.
בָּרוּךְ אַתָּה יְיָ, מְבָרֵךְ הַשָּׁנִים.

Adonai, our God, make this a blessed year. May all the
different types of fruits, vegetables, and grains be for
goodness. Provide (a blessing) or (dew and light rain)
upon the land and feed our hunger from all of the land's
goodness. Bless our year like all the past good years. We
praise You, Adonai, the One who blesses the years,
seasons, and produce.

קִבּוּץ גָּלֻיּוֹת   Gathering the People of Israel

תְּקַע בְּשׁוֹפָר גָּדוֹל לְחֵרוּתֵנוּ,
וְשָׂא נֵס לְקַבֵּץ גָּלֻיּוֹתֵינוּ,
וְקַבְּצֵנוּ יַחַד מֵאַרְבַּע כַּנְפוֹת הָאָרֶץ.
בָּרוּךְ אַתָּה יְיָ, מְקַבֵּץ נִדְחֵי עַמּוֹ יִשְׂרָאֵל.

Blow the *shofar* loud to proclaim our freedom and raise the
banner high to gather together all of us who live far apart.
May we come together from all four corners of the earth. We
praise You, Adonai, Gatherer of the scattered people of Israel.

מִשְׁפָּט Justice

הָשִׁיבָה שׁוֹפְטֵינוּ כְּבָרִאשׁוֹנָה,
וְיוֹעֲצֵינוּ כְּבַתְּחִלָּה, וְהָסֵר מִמֶּנּוּ
יָגוֹן וַאֲנָחָה, וּמְלוֹךְ עָלֵינוּ אַתָּה יְיָ
לְבַדְּךָ בְּחֶסֶד וּבְרַחֲמִים, וְצַדְּקֵנוּ בַּמִּשְׁפָּט.
בָּרוּךְ אַתָּה יְיָ, מֶלֶךְ אוֹהֵב צְדָקָה וּמִשְׁפָּט.

Return our good judges and our advisors as in years past.
Remove pain and sadness and rule over us. You, Adonai,
will lead us with loving kindness and compassion and
make us righteous with justice. We praise You, Adonai,
the One who loves righteousness and justice.

מַלְשִׁינִים Those who do Evil

וְלַמַּלְשִׁינִים אַל תְּהִי תִקְוָה, וְכָל
הָרִשְׁעָה כְּרֶגַע תֹּאבֵד, וְכָל אוֹיְבֶיךָ
מְהֵרָה יִכָּרֵתוּ, וְהַזֵּדִים מְהֵרָה תְעַקֵּר
וּתְשַׁבֵּר וּתְמַגֵּר וְתַכְנִיעַ בִּמְהֵרָה בְיָמֵינוּ.
בָּרוּךְ אַתָּה יְיָ, שֹׁבֵר אֹיְבִים וּמַכְנִיעַ זֵדִים.

May there be no hope for people who do evil, and may all evil disappear. Please, God, destroy those bad people who intend to do wrong. Quickly defeat, crush, uproot, and chase away all the wicked in our lifetime. We praise You, Adonai, the One who destroys evil and punishes the wicked.

צַדִּיקִים The Righteous

עַל הַצַּדִּיקִים וְעַל הַחֲסִידִים וְעַל זִקְנֵי
עַמְּךָ בֵּית יִשְׂרָאֵל, וְעַל פְּלֵיטַת
סוֹפְרֵיהֶם, וְעַל גֵּרֵי הַצֶּדֶק וְעָלֵינוּ,
יֶהֱמוּ נָא רַחֲמֶיךָ, יְיָ אֱלֹהֵינוּ, וְתֵן
שָׂכָר טוֹב לְכָל הַבּוֹטְחִים בְּשִׁמְךָ
בֶּאֱמֶת, וְשִׂים חֶלְקֵנוּ עִמָּהֶם לְעוֹלָם,
וְלֹא נֵבוֹשׁ כִּי בְךָ בָּטָחְנוּ.
בָּרוּךְ אַתָּה יְיָ, מִשְׁעָן וּמִבְטָח לַצַּדִּיקִים.

Adonai, our God, please show great kindness and care to the righteous, the people who worship You with love, the elders of Your people Israel, the scholars, the righteous people who have chosen to be Jews, and ourselves. Reward all those who trust and believe in Your name and reward us also because we too trust in You. We praise You, Adonai, the One who supports and trusts the righteous.

יְרוּשָׁלַיִם Jerusalem

וְלִירוּשָׁלַיִם עִירְךָ בְּרַחֲמִים תָּשׁוּב
וְתִשְׁכּוֹן בְּתוֹכָהּ כַּאֲשֶׁר דִּבַּרְתָּ
וּבְנֵה אוֹתָהּ בְּקָרוֹב בְּיָמֵינוּ בִּנְיַן עוֹלָם
וְכִסֵּא דָוִד מְהֵרָה לְתוֹכָהּ תָּכִין.
בָּרוּךְ אַתָּה יְיָ, בּוֹנֵה יְרוּשָׁלָיִם.

Return Your presence to the city of Jerusalem and live there as You once promised. Please help build her soon as a city that will last forever where we will feel the majesty of King David. We praise You, Adonai, Builder of Jerusalem.

דָּוִד King David

אֶת צֶמַח דָּוִד עַבְדְּךָ מְהֵרָה תַצְמִיחַ,
וְקַרְנוֹ תָּרוּם בִּישׁוּעָתֶךָ,
כִּי לִישׁוּעָתְךָ קִוִּינוּ כָּל הַיּוֹם.
בָּרוּךְ אַתָּה יְיָ, מַצְמִיחַ קֶרֶן יְשׁוּעָה.

Help us, the followers of Your servant, King David, to do well and bring about a better future. May we make every day count as we always hope and dream for Your redemption. We praise You, Adonai, the One who helps us to make the world a better place and causes redemption to come to us all.

תְּפִלָּה Hear our Prayer

שְׁמַע קוֹלֵנוּ, יְיָ אֱלֹהֵינוּ, חוּס וְרַחֵם עָלֵינוּ,
וְקַבֵּל בְּרַחֲמִים וּבְרָצוֹן אֶת תְּפִלָּתֵנוּ,
כִּי אֵל שׁוֹמֵעַ תְּפִלּוֹת וְתַחֲנוּנִים אַתָּה,
וּמִלְּפָנֶיךָ, מַלְכֵּנוּ, רֵיקָם אַל תְּשִׁיבֵנוּ.
כִּי אַתָּה שׁוֹמֵעַ תְּפִלַּת עַמְּךָ יִשְׂרָאֵל בְּרַחֲמִים.
בָּרוּךְ אַתָּה יְיָ, שׁוֹמֵעַ תְּפִלָּה.

Adonai, our God, listen to our voice and care for us. Please accept our prayers with sympathy, because You are a God who hears and pays attention to our prayers and inner thoughts. God, may our prayers have meaning and importance. We praise You, Adonai, the One who hears prayer.

עֲבוֹדָה Worship

רְצֵה, יְיָ אֱלֹהֵינוּ, בְּעַמְּךָ יִשְׂרָאֵל
וּבִתְפִלָּתָם, וְהָשֵׁב אֶת הָעֲבוֹדָה
לִדְבִיר בֵּיתֶךָ, וּתְפִלָּתָם בְּאַהֲבָה
תְקַבֵּל בְּרָצוֹן, וּתְהִי לְרָצוֹן
תָּמִיד עֲבוֹדַת יִשְׂרָאֵל עַמֶּךָ.

Adonai, our God, treat favorably Your people Israel and our prayers. May our prayers be acceptable and loving to You and our worship be felt in Your holy presence. May You find pleasure with the service of Your people Israel.

On Rosh Hodesh and Hol Hamoed we add:
(For normal days, we continue on the bottom of page 55)

אֱלֹהֵינוּ וֵאלֹהֵי אֲבוֹתֵינוּ, יַעֲלֶה וְיָבֹא,
וְיַגִּיעַ, וְיֵרָאֶה, וְיֵרָצֶה, וְיִשָּׁמַע,
וְיִפָּקֵד, וְיִזָּכֵר זִכְרוֹנֵנוּ וּפִקְדוֹנֵנוּ,
וְזִכְרוֹן אֲבוֹתֵינוּ, וְזִכְרוֹן מָשִׁיחַ
בֶּן דָּוִד עַבְדֶּךָ, וְזִכְרוֹן יְרוּשָׁלַיִם
עִיר קָדְשֶׁךָ, וְזִכְרוֹן כָּל עַמְּךָ
בֵּית יִשְׂרָאֵל לְפָנֶיךָ, לִפְלֵיטָה,
לְטוֹבָה, לְחֵן וּלְחֶסֶד וּלְרַחֲמִים,
לְחַיִּים וּלְשָׁלוֹם, בְּיוֹם

On Rosh Hodesh   רֹאשׁ הַחֹדֶשׁ הַזֶּה

On Pesah: חַג הַמַּצּוֹת הַזֶּה

On Sukkot: חַג הַסֻּכּוֹת הַזֶּה

זָכְרֵנוּ, יְיָ, אֱלֹהֵינוּ, בּוֹ לְטוֹבָה,
וּפָקְדֵנוּ בוֹ לִבְרָכָה, וְהוֹשִׁיעֵנוּ
בוֹ לְחַיִּים, וּבִדְבַר יְשׁוּעָה וְרַחֲמִים,
חוּס וְחָנֵּנוּ, וְרַחֵם עָלֵינוּ וְהוֹשִׁיעֵנוּ,
כִּי אֵלֶיךָ עֵינֵינוּ, כִּי אֵל מֶלֶךְ חַנּוּן
וְרַחוּם אָתָּה.

Our God and God of our ancestors, may our prayers go up, arrive, be heard, counted, remembered, and come to be accepted by You. Please remember us, our ancestors, the holy city of Jerusalem, and all Your people of Israel for goodness, grace, kindness, caring, life, and peace on this:

Rosh Ḥodesh   Pesaḥ   **Sukkot**

Adonai, our God, please remember us for good, count us for a blessing, and help us live our life. Care for us and be kind to us like You promised because we turn our eyes to You, our powerful, caring, and compassionate God.

וְתֶחֱזֶינָה עֵינֵינוּ בְּשׁוּבְךָ לְצִיּוֹן
בְּרַחֲמִים. בָּרוּךְ אַתָּה יְיָ, הַמַּחֲזִיר
שְׁכִינָתוֹ לְצִיּוֹן.

May we see the day when Your presence is felt in Jerusalem. We praise You, Adonai, the One whose spirit will return to Zion.

הוֹדָיָה

מוֹדִים אֲנַחְנוּ לָךְ, שָׁאַתָּה הוּא,
יְיָ אֱלֹהֵינוּ וֵאלֹהֵי אֲבוֹתֵינוּ,
לְעוֹלָם וָעֶד, צוּר חַיֵּינוּ, מָגֵן יִשְׁעֵנוּ,
אַתָּה הוּא לְדוֹר וָדוֹר נוֹדֶה לְּךָ
וּנְסַפֵּר תְּהִלָּתֶךָ. עַל חַיֵּינוּ הַמְּסוּרִים
בְּיָדֶךָ, וְעַל נִשְׁמוֹתֵינוּ הַפְּקוּדוֹת לָךְ,
וְעַל נִסֶּיךָ שֶׁבְּכָל יוֹם עִמָּנוּ,
וְעַל נִפְלְאוֹתֶיךָ וְטוֹבוֹתֶיךָ שֶׁבְּכָל עֵת,
עֶרֶב וָבֹקֶר וְצָהֳרָיִם, הַטּוֹב כִּי לֹא
כָלוּ רַחֲמֶיךָ, וְהַמְרַחֵם כִּי לֹא תַמּוּ
חֲסָדֶיךָ מֵעוֹלָם קִוִּינוּ לָךְ.

וְעַל כֻּלָּם יִתְבָּרַךְ וְיִתְרוֹמַם שִׁמְךָ,
מַלְכֵּנוּ, תָּמִיד לְעוֹלָם וָעֶד.
וְכֹל הַחַיִּים יוֹדוּךָ סֶּלָה, וִיהַלְלוּ
אֶת שִׁמְךָ בֶּאֱמֶת, הָאֵל יְשׁוּעָתֵנוּ
וְעֶזְרָתֵנוּ סֶלָה.

בָּרוּךְ אַתָּה יְיָ, הַטּוֹב שִׁמְךָ וּלְךָ נָאֶה לְהוֹדוֹת.

Thank You

We thank You, Adonai, our God and God of our ancestors. You are like a solid rock in our lives and our protector in every generation. We will always give thanks to You and praise You for our lives and our souls. We rely on You for Your daily miracles, and for Your wonders and goodness that we feel at all times, night, morning, and afternoon. You are a good God because You are full of endless kindness and compassion. We have always placed our hope in You.

Your name will be praised and blessed for all these things forever and ever. All living things will thank You and speak favorably and truthfully about Your name. We praise You, Adonai, the "Good One" who deserves our appreciation and thanks.

שָׁלוֹם

שִׂים שָׁלוֹם טוֹבָה וּבְרָכָה,
חֵן וָחֶסֶד וְרַחֲמִים,
עָלֵינוּ וְעַל כָּל־יִשְׂרָאֵל עַמֶּךָ.
בָּרְכֵנוּ, אָבִינוּ, כֻּלָּנוּ כְּאֶחָד בְּאוֹר פָּנֶיךָ,
כִּי בְאוֹר פָּנֶיךָ נָתַתָּ לָנוּ, יְיָ אֱלֹהֵינוּ,
תּוֹרַת חַיִּים וְאַהֲבַת חֶסֶד, וּצְדָקָה וּבְרָכָה
וְרַחֲמִים וְחַיִּים וְשָׁלוֹם,
וְטוֹב בְּעֵינֶיךָ לְבָרֵךְ אֶת עַמְּךָ יִשְׂרָאֵל
בְּכָל־עֵת וּבְכָל־שָׁעָה בִּשְׁלוֹמֶךָ.

בָּרוּךְ אַתָּה יְיָ, הַמְבָרֵךְ אֶת עַמּוֹ
יִשְׂרָאֵל בַּשָּׁלוֹם.

אֱלֹהַי, נְצוֹר לְשׁוֹנִי מֵרָע.
וּשְׂפָתַי מִדַּבֵּר מִרְמָה.
יִהְיוּ לְרָצוֹן אִמְרֵי פִי וְהֶגְיוֹן
לִבִּי לְפָנֶיךָ, יְיָ צוּרִי וְגוֹאֲלִי.

עוֹשֶׂה שָׁלוֹם בִּמְרוֹמָיו,
הוּא יַעֲשֶׂה שָׁלוֹם עָלֵינוּ
וְעַל כָּל־יִשְׂרָאֵל, וְאִמְרוּ אָמֵן.

Peace

Grant peace, goodness, blessing, caring, kindness, and compassion to us, all of Your people of Israel, and the entire world. Adonai, our God, please bless us like a parent, all together, with the light of Your face for it is with the light of Your face that You have given us the Torah of Life, a love of kindness, righteousness, blessing, compassion, life, and peace. Look after us and bless Your people Israel at all times and all hours with peace. We praise You, Adonai, the One who blesses the people of Israel with peace.

My God, guard my tongue from saying hurtful and evil things. Stop my lips from speaking lies and untruths. Please accept the words of my mouth and the inner thoughts of my heart, my rock and life saver.

May God who makes peace above in heaven, make peace for us, for all of Israel, and for everyone, and let us say: Amen.

Congregation:

וַיְהִי בִּנְסֹעַ הָאָרֹן וַיֹּאמֶר מֹשֶׁה,
קוּמָה יְיָ, וְיָפֻצוּ אֹיְבֶיךָ,
וְיָנֻסוּ מְשַׂנְאֶיךָ מִפָּנֶיךָ.

כִּי מִצִּיּוֹן תֵּצֵא תוֹרָה,
וּדְבַר יְיָ מִירוּשָׁלָיִם.
בָּרוּךְ שֶׁנָּתַן תּוֹרָה
לְעַמּוֹ יִשְׂרָאֵל בִּקְדֻשָּׁתוֹ.

Leader:

גַּדְּלוּ לַיְיָ אִתִּי,
וּנְרוֹמְמָה שְׁמוֹ יַחְדָּו.

Congregation:

לְךָ יְיָ הַגְּדֻלָּה וְהַגְּבוּרָה
וְהַתִּפְאֶרֶת וְהַנֵּצַח וְהַהוֹד,
כִּי כֹל בַּשָּׁמַיִם וּבָאָרֶץ.
לְךָ יְיָ הַמַּמְלָכָה
וְהַמִּתְנַשֵּׂא לְכֹל לְרֹאשׁ.
רוֹמְמוּ יְיָ אֱלֹהֵינוּ וְהִשְׁתַּחֲווּ
לַהֲדֹם רַגְלָיו, קָדוֹשׁ הוּא.
רוֹמְמוּ יְיָ אֱלֹהֵינוּ, וְהִשְׁתַּחֲווּ
לְהַר קָדְשׁוֹ, כִּי קָדוֹשׁ יְיָ אֱלֹהֵינוּ.

During the ark's journey, Moses would say, "Rise up Adonai, and let your enemies be destroyed. May those who hate you run away from you." The Torah came from Zion and Adonai's word comes from Jerusalem. Praised be God who gave the people of Israel the Torah in holiness.

Join me in telling of God's greatness and let us praise God's name together.

Adonai, You are full of greatness, strength, glory, victory and beauty because everything from the heavens to the land is Yours. Adonai You are like the government and more important than all the leaders. Adonai, our God, rise up so that we may bow to You, the Holy One. Adonai, our God, rise up so that we may bow at Your holy mountain. You, Adonai, our God, are holy.

The Gabbai recites:

וְתִגָּלֶה וְתֵרָאֶה מַלְכוּתוֹ עָלֵינוּ בִּזְמַן קָרוֹב,
וְיָחֹן פְּלֵטָתֵנוּ וּפְלֵטַת עַמּוֹ בֵּית יִשְׂרָאֵל
לְחֵן וּלְחֶסֶד וּלְרַחֲמִים וּלְרָצוֹן. וְנֹאמַר אָמֵן.

הַכֹּל הָבוּ גֹדֶל לֵאלֹהֵינוּ וּתְנוּ כָבוֹד לַתּוֹרָה

יַעֲמֹד/ תַּעֲמֹד/ יַעַמְדוּ

______בֶּן/בַּת______וְ______

לָעֲלִיָּה הָרִאשׁוֹנָה / הַשְּׁנִיָּה / הַשְּׁלִישִׁית
בָּרוּךְ שֶׁנָּתַן תּוֹרָה לְעַמּוֹ יִשְׂרָאֵל בִּקְדֻשָּׁתוֹ.

Gabbai and Congregation:

וְאַתֶּם הַדְּבֵקִים בַּייָ אֱלֹהֵיכֶם
חַיִּים כֻּלְּכֶם הַיּוֹם.

All of you speak of our God's greatness and give honor to the Torah. Please rise up ________for the first/second/third *aliyah*. God is praised for giving the Torah to the people of Israel with holiness.

Those of you who are close to Adonai, your God, are all alive today.

Blessing Before Torah Reading:

The one(s) being honored say:

בָּרְכוּ אֶת יְיָ הַמְבֹרָךְ.

Congregation:

בָּרוּךְ יְיָ הַמְבֹרָךְ לְעוֹלָם וָעֶד.

The one(s) being honored say:

בָּרוּךְ יְיָ הַמְבֹרָךְ לְעוֹלָם וָעֶד.

בָּרוּךְ אַתָּה יְיָ אֱלֹהֵינוּ מֶלֶךְ הָעוֹלָם,
אֲשֶׁר בָּחַר בָּנוּ מִכָּל הָעַמִּים
וְנָתַן לָנוּ אֶת תּוֹרָתוֹ.
בָּרוּךְ אַתָּה יְיָ, נוֹתֵן הַתּוֹרָה.

Praise Adonai, the one who is blessed! Adonai is praised now and forever!

Blessed are You, Adonai, Power of the universe, who made us special and unique by giving us the Torah. We praise You, Adonai, Giver of the Torah.

Blessing After Torah Reading:

בָּרוּךְ אַתָּה יְיָ אֱלֹהֵינוּ מֶלֶךְ הָעוֹלָם,
אֲשֶׁר נָתַן לָנוּ תּוֹרַת אֱמֶת,
וְחַיֵּי עוֹלָם נָטַע בְּתוֹכֵנוּ.
בָּרוּךְ אַתָּה יְיָ, נוֹתֵן הַתּוֹרָה.

Blessed are You, Adonai, Power of the universe,
who has given us the Torah of truth and planted
in us a long, happy life. We praise You, Adonai,
Giver of the Torah.

וְזֹאת הַתּוֹרָה אֲשֶׁר שָׂם מֹשֶׁה
לִפְנֵי בְּנֵי יִשְׂרָאֵל עַל פִּי יְיָ בְּיַד מֹשֶׁה.

יְהַלְלוּ אֶת שֵׁם יְיָ, כִּי נִשְׂגָּב
שְׁמוֹ לְבַדּוֹ הוֹדוֹ עַל אֶרֶץ וְשָׁמָיִם.
וַיָּרֶם קֶרֶן לְעַמּוֹ, תְּהִלָּה לְכָל חֲסִידָיו,
לִבְנֵי יִשְׂרָאֵל עַם קְרוֹבוֹ, הַלְלוּיָהּ.

וּבְנֻחֹה יֹאמַר:

עֵץ חַיִּים הִיא לַמַּחֲזִיקִים בָּהּ,
וְתֹמְכֶיהָ מְאֻשָּׁר. דְּרָכֶיהָ דַּרְכֵי נֹעַם,
וְכָל נְתִיבוֹתֶיהָ שָׁלוֹם.
הֲשִׁיבֵנוּ יְיָ, אֵלֶיךָ וְנָשׁוּבָה,
חַדֵּשׁ יָמֵינוּ כְּקֶדֶם.

This is the Torah that Moses presented to the people of Israel by God's word.

The Torah is a tree of life to all that hold it and all of its supporters are happy. Its ways are pleasant and its paths are filled with peace. Adonai, help us return to You and renew our days as they were in the past.

עָלֵינוּ

עָלֵינוּ לְשַׁבֵּחַ לַאֲדוֹן הַכֹּל,
לָתֵת גְּדֻלָּה לְיוֹצֵר בְּרֵאשִׁית,
שֶׁלֹּא עָשָׂנוּ כְּגוֹיֵי הָאֲרָצוֹת, וְלֹא שָׂמָנוּ
כְּמִשְׁפְּחוֹת הָאֲדָמָה, שֶׁלֹּא שָׂם חֶלְקֵנוּ כָּהֶם,
וְגֹרָלֵנוּ כְּכָל־הֲמוֹנָם.

וַאֲנַחְנוּ כּוֹרְעִים וּמִשְׁתַּחֲוִים וּמוֹדִים,
לִפְנֵי מֶלֶךְ, מַלְכֵי הַמְּלָכִים,
הַקָּדוֹשׁ בָּרוּךְ הוּא.

שֶׁהוּא נוֹטֶה שָׁמַיִם וְיֹסֵד אָרֶץ,
וּמוֹשַׁב יְקָרוֹ בַּשָּׁמַיִם מִמַּעַל,
וּשְׁכִינַת עֻזּוֹ בְּגָבְהֵי מְרוֹמִים,
הוּא אֱלֹהֵינוּ אֵין עוֹד.
אֱמֶת מַלְכֵּנוּ אֶפֶס זוּלָתוֹ,
כַּכָּתוּב בְּתוֹרָתוֹ: וְיָדַעְתָּ הַיּוֹם
וַהֲשֵׁבֹתָ אֶל לְבָבֶךָ,
כִּי יְיָ הוּא הָאֱלֹהִים בַּשָּׁמַיִם מִמַּעַל,
וְעַל הָאָרֶץ מִתָּחַת, אֵין עוֹד.

כַּכָּתוּב בְּתוֹרָתֶךָ: יְיָ יִמְלֹךְ לְעוֹלָם וָעֶד.
וְנֶאֱמַר: וְהָיָה יְיָ לְמֶלֶךְ עַל כָּל הָאָרֶץ,
בַּיּוֹם הַהוּא יִהְיֶה יְיָ אֶחָד, וּשְׁמוֹ אֶחָד.

Aleinu

It is our job to praise the Master of all things and to make great the One who created the world. God made us special and unique among all the nations and families who live on this earth.

We bow, bend, and give thanks to our Ruler, the Supreme Leader, the blessed and holy God.

God made the heavens and the earth. God lives in the heavens above and God's powerful presence is in the highest of high places. God is ours and there is nothing else. God is our true king. There is nothing beside God. It is written in God's Torah: "You will know this day and understand in your heart that Adonai is the only God in heaven above and on the earth below. There is none other."

It is written in your Torah: "Adonai will rule forever and ever." And it is said: God will rule like royalty all over the world. On that day Adonai will be one and Adonai's name will be one.

קַדִּישׁ יָתוֹם

יִתְגַּדַּל וְיִתְקַדַּשׁ שְׁמֵהּ רַבָּא. (אָמֵן)
בְּעָלְמָא דִּי בְרָא כִרְעוּתֵהּ,
וְיַמְלִיךְ מַלְכוּתֵהּ בְּחַיֵּיכוֹן וּבְיוֹמֵיכוֹן
וּבְחַיֵּי דְכָל־בֵּית יִשְׂרָאֵל.
בַּעֲגָלָא וּבִזְמַן קָרִיב, וְאִמְרוּ אָמֵן.

יְהֵא שְׁמֵהּ רַבָּא מְבָרַךְ
לְעָלַם וּלְעָלְמֵי עָלְמַיָּא.

יִתְבָּרַךְ וְיִשְׁתַּבַּח וְיִתְפָּאַר וְיִתְרוֹמַם
וְיִתְנַשֵּׂא, וְיִתְהַדָּר וְיִתְעַלֶּה וְיִתְהַלָּל
שְׁמֵהּ דְּקֻדְשָׁא, בְּרִיךְ הוּא,
לְעֵלָּא מִן כָּל־בִּרְכָתָא וְשִׁירָתָא,
תֻּשְׁבְּחָתָא וְנֶחֱמָתָא דַּאֲמִירָן
בְּעָלְמָא, וְאִמְרוּ אָמֵן.

יְהֵא שְׁלָמָא רַבָּא מִן שְׁמַיָּא וְחַיִּים
עָלֵינוּ וְעַל כָּל־יִשְׂרָאֵל, וְאִמְרוּ אָמֵן.

עוֹשֶׂה שָׁלוֹם בִּמְרוֹמָיו, הוּא יַעֲשֶׂה
שָׁלוֹם עָלֵינוּ וְעַל כָּל־יִשְׂרָאֵל, וְאִמְרוּ אָמֵן.

The Mourner's Kaddish

May God's name become great and holy in the world which God created according to God's desire. And may God rule over this kingdom during your lifetime and in your days, and in the lifetime of the entire house of Israel. May this happen soon and with speed. And let us say: Amen.

May God's great name be blessed now, in the future, and forever.

Let the name of the Holy One be blessed, praised, glorified, celebrated, uplifted, honored, raised up and acclaimed. Praised be God who is above and beyond any blessing, song, praise, and words of comfort that we could say in this world. And let us say: Amen.

May there be much peace from heaven and a full life for us and for all of Israel. And let us say: Amen.

May God who makes peace above in heaven, make peace for us, for all of Israel, and for everyone. And let us say: Amen.

אֲדוֹן עוֹלָם

אֲדוֹן עוֹלָם אֲשֶׁר מָלַךְ,
בְּטֶרֶם כָּל יְצִיר נִבְרָא.
לְעֵת נַעֲשָׂה בְחֶפְצוֹ כֹּל,
אֲזַי מֶלֶךְ שְׁמוֹ נִקְרָא.

וְאַחֲרֵי כִּכְלוֹת הַכֹּל,
לְבַדּוֹ יִמְלוֹךְ נוֹרָא.
וְהוּא הָיָה, וְהוּא הֹוֶה,
וְהוּא יִהְיֶה, בְּתִפְאָרָה.

וְהוּא אֶחָד וְאֵין שֵׁנִי,
לְהַמְשִׁיל לוֹ לְהַחְבִּירָה.
בְּלִי רֵאשִׁית בְּלִי תַכְלִית,
וְלוֹ הָעֹז וְהַמִּשְׂרָה.

וְהוּא אֵלִי וְחַי גּוֹאֲלִי,
וְצוּר חֶבְלִי בְּעֵת צָרָה.
וְהוּא נִסִּי וּמָנוֹס לִי
מְנָת כּוֹסִי בְּיוֹם אֶקְרָא.

בְּיָדוֹ אַפְקִיד רוּחִי,
בְּעֵת אִישַׁן וְאָעִירָה
וְעִם רוּחִי גְּוִיָּתִי,
יְיָ לִי וְלֹא אִירָא.

Adon Olam

God is the Master of the world who ruled before anything was created. At the time everything began, God's name was declared great like royalty.

When all things stop being, God, the awesome one, will rule alone. God was, God is, and God will always be glorious.

God is one and there is no second that can be compared to God. God is without a beginning and without an end. God is a powerful presence.

God is my own God, my living protector. God helps me in time of pain like a solid rock. God is my flag that protects me. God will fill my empty cup when I call to God in thirst.

I place my spirit in God's care when I sleep and when I am awake. Adonai is in my body and soul. I will have no fear.

בִּרְכוֹת הַנֶּהֱנִין
Blessings of Appreciation

For seeing the beauty and wonders of nature:

בָּרוּךְ אַתָּה יְיָ אֱלֹהֵינוּ מֶלֶךְ הָעוֹלָם,
עוֹשֶׂה מַעֲשֵׂה בְרֵאשִׁית.

For seeing beautiful animals, plants, or trees:

בָּרוּךְ אַתָּה יְיָ אֱלֹהֵינוּ מֶלֶךְ הָעוֹלָם,
שֶׁכָּכָה לוֹ בְּעוֹלָמוֹ.

For seeing different and unusual creatures:

בָּרוּךְ אַתָּה יְיָ אֱלֹהֵינוּ מֶלֶךְ הָעוֹלָם,
מְשַׁנֶּה הַבְּרִיּוֹת.

For seeing trees and plants bloom
for the first time in springtime:

בָּרוּךְ אַתָּה יְיָ אֱלֹהֵינוּ מֶלֶךְ הָעוֹלָם,
שֶׁלֹּא חִסַּר בְּעוֹלָמוֹ כְּלוּם
וּבָרָא בוֹ בְּרִיּוֹת טוֹבוֹת וְאִילָנוֹת
טוֹבִים לְהַנּוֹת בָּהֶם בְּנֵי אָדָם.

For hearing the sound of thunder or seeing a storm:

בָּרוּךְ אַתָּה יְיָ אֱלֹהֵינוּ מֶלֶךְ הָעוֹלָם,
שֶׁכֹּחוֹ וּגְבוּרָתוֹ מָלֵא עוֹלָם.

For seeing a rainbow in the sky:

בָּרוּךְ אַתָּה יְיָ אֱלֹהֵינוּ מֶלֶךְ הָעוֹלָם,
זוֹכֵר הַבְּרִית, וְנֶאֱמָן בִּבְרִיתוֹ, וְקַיָּם בְּמַאֲמָרוֹ.

For hearing good news:

בָּרוּךְ אַתָּה יְיָ אֱלֹהֵינוּ מֶלֶךְ הָעוֹלָם,
הַטּוֹב וְהַמֵּטִיב.

For hearing bad news such as a death:

בָּרוּךְ אַתָּה יְיָ אֱלֹהֵינוּ מֶלֶךְ הָעוֹלָם,
דַּיַּן הָאֱמֶת.

מִי שֶׁבֵּרַךְ לְחוֹלִים
A Prayer for Healing

מִי שֶׁבֵּרַךְ אֲבוֹתֵינוּ וְאִמּוֹתֵנוּ
אַבְרָהָם יִצְחָק וְיַעֲקֹב,
שָׂרָה רִבְקָה רָחֵל וְלֵאָה,
הוּא יְבָרֵךְ וִירַפֵּא אֶת הָחוֹלִים
הַקָּדוֹשׁ בָּרוּךְ הוּא
יִמָּלֵא רַחֲמִים עֲלֵיהֶם,
לְהַחֲזִיקָם וּלְרַפְּאתָם,
וְיִשְׁלַח לָהֶם מְהֵרָה
רְפוּאָה שְׁלֵמָה מִן הַשָּׁמַיִם,
רְפוּאַת הַנֶּפֶשׁ, וּרְפוּאַת הַגּוּף,
בְּתוֹךְ שְׁאָר חוֹלֵי יִשְׂרָאֵל,
הַשְׁתָּא בַּעֲגָלָא וּבִזְמַן קָרִיב.
וְנֹאמַר אָמֵן.

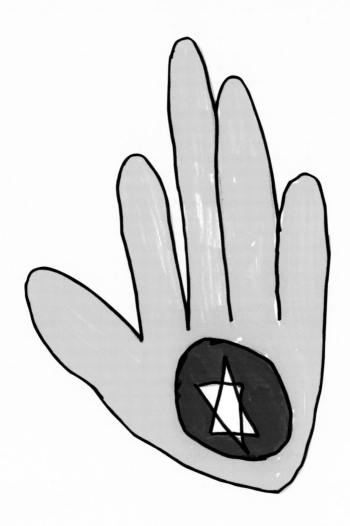

May God who blessed our ancestors, Avraham, Yitzhak, and Ya'akov, Sarah, Rivkah, Ra_hel, and Leah, help to bless and heal all those who are sick and ill in our community. May God in heaven treat them with care and help lead them to a complete recovery of both their bodies and their souls. We hope that all those who are sick are able to heal quickly so that they feel better soon. And let us say: Amen.

תְּפִלַּת הַדֶּרֶךְ
Traveler's Prayer

יְהִי רָצוֹן מִלְּפָנֶיךָ יְיָ אֱלֹהֵינוּ
וֵאלֹהֵי אֲבוֹתֵינוּ וְאִמּוֹתֵנוּ,
שֶׁתּוֹלִיכֵנוּ לְשָׁלוֹם וְתַצְעִידֵנוּ לְשָׁלוֹם
וְתִסְמְכֵנוּ לְשָׁלוֹם וְתַנְחֵנוּ אֶל מְחוֹז חֶפְצֵנוּ
לְחַיִּים וּלְשִׂמְחָה וּלְשָׁלוֹם,
וְתַחֲזִירֵנוּ לְבֵיתֵנוּ לְשָׁלוֹם.
וְתַצִּילֵנוּ מִכַּף כָּל אוֹיֵב וְאוֹרֵב
וְאָסוֹן בַּדֶּרֶךְ וּמִכָּל מִינֵי פֻּרְעָנִיּוֹת
הַמִּתְרַגְּשׁוֹת לָבוֹא לָעוֹלָם.
וְתִשְׁלַח בְּרָכָה בְּכָל מַעֲשֵׂה יָדֵינוּ,
וְתִתְּנֵנוּ לְחֵן וּלְחֶסֶד וּלְרַחֲמִים
בְּעֵינֶיךָ וּבְעֵינֵי כָל רוֹאֵינוּ.
וְתִשְׁמַע קוֹל תַּחֲנוּנֵינוּ, כִּי אֵל שׁוֹמֵעַ
תְּפִלָּה וְתַחֲנוּן אָתָּה.
בָּרוּךְ אַתָּה יְיָ, שׁוֹמֵעַ תְּפִלָּה.

May it be your will, Adonai our God and God of our ancestors, to guide us in peace. Prepare us, support us, and lead us to our chosen destination in peace, joy, and well-being, and lead us home again in peace. Protect us from enemies and dangers along the way, from terrors that confront us everywhere. Bring blessing to our endeavors. May we enjoy grace, love, and compassion in Your sight and in the eyes of everyone we meet. Heed our concerns, for You are God who responds to prayer and petition. Praised are You Adonai, who listens to prayer.

תְּפִלָּה לִמְדִינַת יִשְׂרָאֵל

A Prayer for the State of Israel

אָבִינוּ שֶׁבַּשָּׁמַיִם, צוּר יִשְׂרָאֵל וְגוֹאֲלוֹ, בָּרֵךְ אֶת
מְדִינַת יִשְׂרָאֵל רֵאשִׁית צְמִיחַת גְּאֻלָּתֵנוּ. הָגֵן עָלֶיהָ
בְּאֶבְרַת חַסְדֶּךָ, וּפְרֹשׂ עָלֶיהָ סֻכַּת שְׁלוֹמֶךָ. וּשְׁלַח
אוֹרְךָ וַאֲמִתְּךָ לְרָאשֶׁיהָ, שָׂרֶיהָ וְיוֹעֲצֶיהָ, וְתַקְּנֵם
בְּעֵצָה טוֹבָה מִלְּפָנֶיךָ. חַזֵּק אֶת יְדֵי מְגִנֵּי אֶרֶץ
קָדְשֵׁנוּ, וְהַנְחִילֵם אֱלֹהֵינוּ יְשׁוּעָה וַעֲטֶרֶת נִצָּחוֹן
תְּעַטְּרֵם. וְנָתַתָּ שָׁלוֹם בָּאָרֶץ וְשִׂמְחַת עוֹלָם
לְיוֹשְׁבֶיהָ, וְנֹאמַר אָמֵן.

Avinu She-bashamayim, Rock and Redeemer of the people Israel.
Bless the State of Israel, with its promise of redemption. Shield it
with Your love; spread over it the shelter of Your peace. Guide its
leaders and advisors with Your light and Your truth. Help them with
Your good counsel. Strengthen the hands of those who defend our
holy land. Deliver them; crown their efforts with triumph. Bless the
land with peace, and its inhabitants with lasting joy. And let us say:
Amen.

A Prayer for Our Country

Adonai, God of our ancestors, we ask Your blessing for our country,
its government, leaders, and advisors. Teach them the lessons of
Your Torah so that they may take care of our country in a way that
promotes happiness, peace and security, fairness, prosperity,
justice, and freedom.

Adonai, source of all life, please bless all the people who live in our
country. May citizens of all races and religions work together in true
harmony to fight against hatred and evil and to protect the beliefs
and free institutions that make our country proud and special.

May this great land help all people around the world live in peace
and freedom so that there is no more war. And let us say: Amen.

הַתִּקְוָה
Israel's National Anthem

כָּל עוֹד בַּלֵּבָב פְּנִימָה,

נֶפֶשׁ יְהוּדִי הוֹמִיָּה,

וּלְפַאֲתֵי מִזְרָח קָדִימָה,

עַיִן לְצִיּוֹן צוֹפִיָּה.

עוֹד לֹא אָבְדָה תִּקְוָתֵנוּ,

הַתִּקְוָה בַּת שְׁנוֹת אַלְפַּיִם,

לִהְיוֹת עַם חָפְשִׁי בְּאַרְצֵנוּ,

אֶרֶץ צִיּוֹן וִירוּשָׁלַיִם.

While the heart of the Jew still beats and as long as the eyes of the Jew look eastward then our hope is not lost. Our hope of two thousand years is to be a free people living in the land of Zion and Jerusalem.

America the Beautiful

O beautiful for spacious skies, for amber waves of grain, For purple mountain majesties above the fruited plain! America! America! God shed His grace on thee, And crown thy good with brotherhood from sea to shining sea!

Thank you to the following artists who help bring the meaning of prayer alive in this *siddur* through their illustrations created while students at the Minneapolis Jewish Day School:

Florrie Barron p. 6, Samantha Coffino p. 27, Jorah Cohen p. 77, Miriam Feingold p. 39, Danielle Fink p. 50, Gabe Fruchter p. 37, Mari Fromstein p. 29, Lily Ganz p. 24, Molly Goldfarb pp. 67 & 75, Elana Graf pp. 48 & 63, Mickela Heilicher p. 10, Xiaoye Jiang p. 7, Avinoam Kahn p. 17, Ben Kahn pp. 61 & 63, Tess Glassman-Kaufman p. 28, Alexis Kessler p. 31, Molly Ketroser p. 57, Sophia Kieffer pp. 19 & 37, Ben Kline p. 9, Mollie Kozberg p. 69, Rachel Kozberg pp. 15 & 33, Elliot Lazar p. 67, Sara Levy-Stevenson pp. 11 & 32, Elana Orbuch p. 28, Sarah Orbuch p. 71, Daniel Raskin p. 64, Monica Routman p. 43, Leah Segal p. 45, Amy Sela p. 55, Tali Shapiro p. 45, Kyla Siedband p. 59, Dahlia Stone p. 17, Talia Teplinsky p. 48, and Colin Wieberdink p. 41.

Thank you to the following individuals who helped to edit, proof, and provide valuable feedback about the text, design, and layout of this *siddur:*

Rabbi Kassel and Joan Abelson, Bat Sheva Berman, Sara Bernstein, Mindy Horwitz, Rabbi Harold Kravitz, Dr. Ray Levi, Dr. Yaakov Levi, Gil Mann, Cantor Neil Newman, Aimee Orkin, Abbe Payton, Ellen Sue Parker, Rabbi Erin Polansky, Robert Portnoe, Carol Sarnat, Helen Siegel, Victoria Thor, and Yefet Zadaka.

Thank you to the following people who contributed financially to make the design and production of this *siddur* possible:

Rabbi Kassel and Joan Abelson, David and Susan Abelson, Rabbi David and Sandy Abramson, Mark Appelbaum and Yaffa Cohen-Appelbaum, Elliot and Marlys Badzin, Michael and Judy Berman, Rick and Carrie Bloomfield, Mitchell and Jan Burke, Stuart Crandell and Gayle Sherman Crandell, Rick, Linda, and Dylan Dworsky, Joseph and Sharon Fischman, Joshua and Shelley Fogelson, Debra Glassman and Bob Kaufman, Joel and Kim Gedan, Roni and Alan Gingold, David, Darcy, Zackary, Shayan, and Izabelle Gilbert Burke, Goldberg Leveris Family, Bernie and Leslie Goldblatt, Matt and Zehorit Heilicher, Elissa J. Heilicher, Bruce and Anne Hope, Ann Hunegs, Jeff and Orlee Kahn and Family, Rabbi Robert and Camille Kahn, Gayle Kaplan, Ty Turner, and Seth Kaplan-Turner, David and Eileen Kohn, Steve and Bonnie Lazar, Brad and Karee Lehrman, Gil and Debbie Mann, Marc Meirovitz and Caron Rubin, Joel Mintzer and Heidi Schneider, Cathy and Richard Mogelson and Family, James Moscowitz and Amy Faswell, David and Jill Orbuch, Jim and Abbe Payton, Larry Pepper and Dana Yugend-Pepper, Ivan and Tina Rafowitz, Ken Raskin, Janet Raskin, Ed and Joyce Ratner, Mark and Lisa Ratner, Jerry and Louise Ribnick, Robert Segal and Lucinda Cummings, David and Renee Segal and Family, Nicole Sela, Eyal and Hava Shahar, Peter Shapiro, Jerel and Judy Shapiro, Rick and Helen Siegel, Lee and Judy Snitzer, Benhoor and Brenda Soumekh, Adam, Hayley, Nancy and Larry Sperling, Michael and Amy Stern, Dr. Tom and Liba Stillman, Jeffrey and Deborah Sugerman, Gary and Dori Weinstein, and Todd Werner and Naomi King-Smith.

Thank you to David Grossman and the staff of Grossman Design for the graphic layout and design.

Hebrew text used with permission of Davka Corp.

Traveler's Prayer and Prayer for the State of Israel reprinted with permission from Siddur Sim Shalom for Weekdays ©2003 by the Rabbinical Assembly.